Original title: **MI MUNDO EN CALMA**
Text © Bárbara Tovar, 2022
Illustrator © Cristina Picazo, 2022
Translation rights arranged by IMC Literary Agency, SL
All rights reserved.
Korean translation copyright © 2022 by BLUE BICYCLE PUBLISHING CO.,
Korean translation rights arranged with IMC LITERARY AGENCY
through EYA Co.,Ltd

이 책의 한국어판 저작권은 EYA Co.,Ltd를 통해 IMC LITERARY AGENCY와
독점 계약한 파란자전거가 소유합니다.
저작권법에 의하여 한국 내에서 보호를 받는 저작물이므로 무단 전재 및 복제를 금합니다.

이 책을 준비하는 데 함께하며 시너지 효과를 낼 수 있도록 도와준 모든 팀에게 감사드립니다. 이들과 함께한 것은 이 책에 물을 주고 양분을 주는 가장 좋은 방법이었습니다. 무엇보다도 저자인 바르바라 토바르에게 감사합니다. 그리고 친절하게 조언해 준 앙헬라 바르다히, 이 여정을 도와준 심리학자 크리스티나 바디아, 모든 것을 쉽고 아름답게 만들어 준 프란세스크에게도 감사를 전합니다.

_ 크리스티나 피카소

감사의 말

아주 어렸을 때부터 내 상담실에서 믿음을 나눠 준 모든 꼬마 친구들에게 감사합니다. 나를 여러분의 마음 행성과 몸 행성, 그리고 행동 행성에 들어가게 허락해 주어 감사합니다. 또 내가 세상에서 가장 사랑하는 일인 사람들을 돕는 일을 하게 허락해 주어 감사합니다. 그리고 이 책을 통해 많은 가르침을 준 쿠쿠와 코코에게도 감사를 전합니다.

_ 바르바라 토바르

무엇을 배웠나요?

우체국과 나에게 쓰는 편지 덕분에 우리는 자신의 가장 친한 친구가 되는 법을 배웠어요. 우리는 항상 자신을 돕고 자신 옆에 있을 거예요. 그리고 실수할 때 자기 자신을 위로하고 도와줄 거예요. 우리가 계속 잘되면 무척 행복할 테니까요.

난 새 학교에서 용감하고 결단력 있게 지내는 방법을 담은 편지를 나에게 보냈어!

우리는 자신의 말을 잘 듣고, 우리의 좋은 점과 **나쁜 점을 있는 그대로** 소중히 여기게 될 거예요.

엄마 아빠 선생님, 이것만은 꼭!

1

우리는 자기 자신을 사랑하는 일에 서툴러요. 다른 사람들을 사랑하는 일을 훨씬 더 잘하죠. 하지만 **자기를 사랑하고**, 자기 말을 듣고, 자기를 돌보고, 자기에게 좋은 조언을 해 주는 법을 배우는 것은 우리 삶을 훈련하는 데 필요한 기본적인 능력이에요.

2

아이가 여러분이 좋아하는 말을 해 줬거나 아이가 여러분을 도와줬거나 아이가 여러분이 뭔가를 되돌아보게 했던 경험을 떠올려 보세요. 좋은 감정을 느꼈던 경험이 많으면 많을수록 **자신감이 높아져요**. 그러면 일을 할 때 스스로를 격려할 수 있어요.

3

아이의 실수를 품어 주고 **이해하려고 노력하세요**. 그러면 여러분의 아이도 자기 자신을 그렇게 대할 수 있게 돼요.

4

종종 우리는 다른 사람보다 **자기 자신에게 훨씬 더 엄격해요**. 따라서 예를 들어 이야기해 주면 도움이 될 수도 있어요. 자신에게 일어난 똑같은 일이 주변의 다른 사람에게 일어났을 때, 한 발 떨어져서 보면 그 일이 그렇게 나쁘거나 끔찍하거나 부정적인 일로 보이지는 않거든요.

5

힘든 시기를 겪을 때 아이와 대화를 통해 이 활동을 연습해 볼 수 있어요. 아이에게 물어보세요. "너와 똑같은 일이 네가 가장 사랑하는 사람에게 벌어진다면, 그 사람에게 무슨 말을 해 줄 수 있을까?" 이 질문은 아이가 자기 안에서 위안과 좋은 조언을 찾는 데 도움이 될 거예요.

그 사람에게 무슨 말을 해 줄 수 있을까요?

* 시험에 떨어져서 슬퍼한다면.
* 가장 친한 친구에게 화를 내서 걱정하고 있다면.
* 친구 집에 자러 가는 게 무섭다고 한다면.

2

최근에 있었던 일 중에 슬펐거나 걱정되었거나 두려웠던 일을 떠올려 보세요. 그리고 가장 친한 친구에게 쓰듯 여러분 자신에게 편지를 써 보세요. **가장 좋은 도움글**을 담아 보세요. 이제 봉투에 여러분의 주소를 적고, 우편함에 넣어 주세요.

3

부모님이 편지를 전해 주시면 **혼자 있을 때** 편지에 적힌 좋은 도움글을 읽어 보세요. 그리고 여러분 자신을 위해서 그것을 마음속에 간직하세요.

우리는 자기 자신의 좋은 친구가 되기보다는, 사랑하는 사람의 좋은 친구가 될 때가 많아요. 실수할 때 자기 자신을 비난하고, 바보 같은 행동을 하다가 다른 사람에게 들키면 부끄러워하죠. 자신을 친구들과 비교하면서 자기보다 **더** 예쁘고, **더** 똑똑하고 **더 낫다고** 생각해요.

자신을 좀 더 사랑하기 위해서는 무엇을 할 수 있을까요?

탐험 목표

각자 자신의 가장 친한 친구가 되어서 필요할 때 스스로를 돕고, 스스로를 믿고 자신의 자질과 성취를 소중하게 생각하기.

준비물

연필, 편지지, 봉투, 사랑 듬뿍

1

여러분이 **너무나 사랑하는** 사람을 선택하고, 그 사람에게 문제가 있을 때 어떻게 도와줄지 생각해 보세요.

많은 사람이 자기 자신을 사랑하는 일에 서툴러.

다른 사람을 사랑하는 일을 훨씬 잘하지.

하지만 자기를 사랑하고,

자기 말을 듣고, 자기를 돌보고,

자기에게 도움이 되는 말을 하는 법을 배워야만 해.

있는 그대로의 자신을 받아들이는 것은

행복한 삶을 살기 위한 첫걸음이거든.

무엇을 배웠나요?

우리는 하루 동안 일어난 일 중에서 좋은 일과 재미있는 일은 그냥 모르고 지나칠 때가 많아요. 반대로 마음에 들지 않거나 걱정스러운 일을 더 신경 쓰죠. **감사 계곡**에서는 우리를 웃게 하고 행복하게 한 모든 이유를 생각해 봤어요. 우리는 모두 소중한 사람이 되고 싶어 해요. 그래서 우리가 하루하루 행복할 수 있도록 도와주신 모든 분께 진심으로 감사해야 해요.

엄마 아빠 선생님, 이것만은 꼭!

1

아이에게 **감사하는 마음을 키워 주면** 매일매일 일어나는 좋은 일들을 소중히 여길 수 있게 돼요. 감사는 아이의 마음속에 있는 질투심을 줄여 주고, 더 긍정적으로 생각하게 해 줘요. 어릴 때부터 아이에게 감사하는 마음을 심어 주면 자기중심적인 행동이 줄고, 자신과 주변 사람을 더 존중하게 돼요.

2

가정에서 감사한 마음을 표현하는 습관을 들이세요. 여러분이 감사한 일에 대해서 자주 이야기해 보는 거예요. 가족끼리 감사한 마음을 **분명하게 표현**해 보세요. 여러분이 먼저 모범을 보이면 틀림없이 아이의 감사 교육에 도움이 돼요. 가족의 감사 항아리를 만들어 볼 수도 있어요. 그리고 한 주가 지나면 함께 모여 각자 날마다 추가했던 감사 내용을 나눠 보세요.

3

매일 밤 여러분만의 **감사한 순간**을 만들어 보세요. 잠들기 전에 하루 동안 기분 좋았던 일과 행운이라고 생각한 일을 함께 생각해 보는 거예요. 물론 여러분 혼자서 시작해 봐도 돼요.

4

불안한 아이는 부정적인 쪽으로 기우는 경향이 있다는 걸 잊지 마세요. 따라서 이런 활동을 꾸준히 반복하면 긍정적인 쪽으로 주의를 기울이고 그것을 강조하는 법을 배우게 돼요.

2 포스트잇을 이용해서 여러분의 감사 이유를 하나씩 적어 보세요.

3 감사 이유를 적은 포스트잇들을 유리병에 넣고 여러분 방에 보관하세요. 그리고 원할 때마다 그 병을 열어 보세요. 여러분이 행복한 이유와 어떤 **소중한 것**이 있는지 모두 읽어 보세요.

나는 …… 때문에 감사해요.

오늘 널 웃게 만든 사람들을 생각해도 돼!

지금 여러분의 발은 **어떤가요?** 차가운가요? 움직일 공간이 있나요? 발이 어떤 상태인지 알려면 잠시 멈춰서 **발에 주의를 기울여야** 할 수도 있어요. 생활하다 보면 이렇게 주의를 기울여야 할 때가 많아요! 그리고 주의를 기울이지 않으면 존재 자체를 잊기도 해요. 우리에게 일어나는 좋은 일들을 잊지 않기 위해 무엇을 할 수 있을까요?

탐험 목표

우리를 행복하게 하는 것이 무엇인지 알아보고, 그것을 주변 사람들과 나눠 보기.

준비물

연필, 색연필, 포스트잇, 유리병, 사랑 한 모금, 좋은 기억력

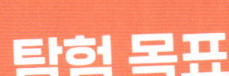

두 눈을 감아 보세요. 그리고 하루 동안 여러분에게 일어난 좋은 일들을 **곰곰이 생각해** 모두 머릿속에 떠올려 보세요.

* 수업 시간에 흥미로운 질문을 했나요?
* 제일 좋아하는 음식을 먹었나요?
* 친구와 재미있게 놀았나요?

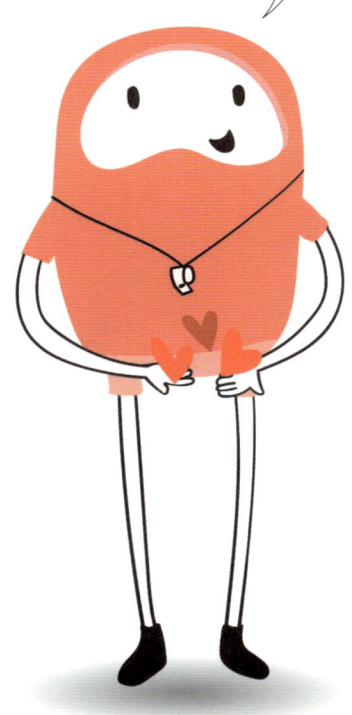

기쁜 감정과 감사한 마음은 오래 간직하고

많이 표현할수록 점점 커지고 늘게 돼.

그러면 불안과 두려움이 점차 줄어들지.

그러나 기쁨과 감사한 마음을 표현하는 것도

자꾸 해 보지 않으면 힘든 일이 되고 말아.

감사 계곡에서 행복한 일을 많이 떠올리고

감사 표현을 많이 해 보자.

무엇을 배웠나요?

누구나 종종 아무 말도 듣지 않고, 혼자 있고 싶을 때가 있어요. 하지만 우리에겐 도움이 필요할 때, 특히 한 번도 해 본 적 없는 새로운 일을 해야 할 때 찾아갈 수 있는 믿을 만한 사람들이 필요해요. 그들은 우리가 나아갈 길을 **안내**하고, **함께해 줄** 수 있는 사람이에요.

내 스승은 우리 할머니야. 문제가 있을 때마다 항상 딱 맞는 말을 해 주시고, 많이 안아 주시거든.

스승이 누구인지 알고, 그들에게 도움을 청하는 것은 멋진 일이에요!

엄마 아빠 선생님, 이것만은 꼭!

1

항상 우리 삶에 흔적을 남기는 사람들이 있어요. 그들의 듣는 방식과 도와주는 방식 또는 지식은 우리 삶에 영감을 주죠. 아이들은 지지 기반을 만들어 가고 있어요. 아이들과 **특별한 관계**를 맺고 있는 사람에 관한 이야기를 나눠 보세요. 그런 대화를 통해 아이 주변에 도와주고, 조언해 주고, 필요할 때 말을 들어 줄 사람이 많다는 것과 그런 사람들의 말이 큰 도움이 된다는 것을 깨닫게 해 주세요!

2

만일 아이와 함께 이런 신뢰를 쌓는 활동을 하려면, 시작하기 전에 먼저 눈으로 **약속하세요**. 그다음 서로 마주 보고 손을 잡으세요. 그리고 눈을 가릴 사람은 "나는 널 믿어."라고 말하고, 안내해 줄 사람은 "너는 날 믿어도 돼."라고 하면 돼요.

3

이 활동을 하는 동안 아이가 여러분의 지시를 따르는 걸 너무 어려워한다면, 다시 강조해 주세요. 여러분이 보고 있고 절대 나쁜 일이 벌어지지 않는다는 **확신을 심어 주세요**. 아이가 아주 잘 믿고 있는 경우라도 그 사실을 한 번 더 알려 주세요.

4

만일 낯선 곳이라 어려움이 많다면, 집이나 익숙한 곳에서 시작할 수도 있어요. 아이가 편안하게 잘 해낸다면, 다른 새로운 장소에서 해 볼 수도 있어요.

5

역할을 서로 바꿔 보세요. 이번에는 여러분이 눈가리개를 하고, 아이가 여러분을 안내하도록 해요. 각자 하면서 느낀 어려웠던 점과 배운 점들을 나눠 보세요.

불안이 마음에 가득하면 주변 사람들이 해 주는 말보다 두려움의 힘이 훨씬 커져요. 하지만 이럴 때 우리가 믿고 우리를 돌봐 주고 사랑해 주는 **현명한 사람들**, 즉 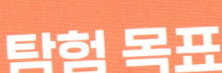과 가까이하는 것은 매우 중요해요. 그들은 우리보다 더 오래 살았고, 더 많은 경험을 했기 때문에 우리가 생각하는 것보다 훨씬 많은 도움을 줄 수 있어요.

여러분의 스승은 누구인가요?

탐험 목표

우리 삶에 꼭 필요한 **스승**을 확인하고, 어려운 상황을 겪을 때 그들의 도움을 받는 법 배우기.

1

눈가리개를 쓰고 집 주변을 걸어 보세요. 부딪히지 않도록 조심하면서 혼자 해 보는 거예요! 다 끝나면 가리개를 벗어 보세요. 힘들었나요?

준비물
눈가리개,
가까이에 있는 스승 한 명,
신뢰, 높은 집중력

스승의 마을

넌 부모님의 도움말이 들리지 않을 정도로 긴장하거나 고통스러웠던 적이 있니? 아니면 아무도 너를 이해하거나 도와줄 수 없다고 생각한 적은?

스승의 마을에서는 우리를 사랑하고 도와주는 사람들에 대한 경험을 믿는 것이 얼마나 중요한지 알게 될 거야.

어려운 일이나 두려운 일을 맞닥뜨렸을 때

　　　　누군가에게 도움을 요청하거나

도움을 받는 일은 매우 중요해.

사람은 항상 서로 도우며

　　　함께 살아가야 하거든.

넌 혼자가 아니야.

힘들 때는 주변을 둘러봐.

　　어디든 너를 도와줄 스승이 있을 테니까.

무엇을 배웠나요?

두려움과 불안을 극복하기 위해서는 피하지 말고 **마주해야** 해요. **지그재그 계단**을 이용한다면 그런 두려움들을 하나의 도전으로 볼 수 있게 돼요. 목표에 도달하고 침착하게 해낼 수 있을 때까지 조금씩 발전해 나갈 거예요.

새로운 친구를 사귀는 것에 대한 두려움이 차츰 사라지고 있어! 난 지금 3단계에 있어!

1단계
나는 친구들이 나를 보고, 나도 친구들을 볼 수 있는 위치에 서 있다.

2단계
나는 친구들이 놀고 있는 곳으로 조금 더 가까이 걸어간다.

3단계
나는 친구들을 보고 미소를 지으며, 내가 그들을 좋아하고 그들이 하는 놀이에 관심이 있다는 것을 알려 준다.

4단계
친구들이 놀 때 중간에 짧은 시간을 활용한다. 공이 다른 곳으로 샜으면 주워다 주거나, 친구 중 한 명과 이야기를 시도한다.

5단계
함께 놀아도 되는지 물어본다.

도전
새로운 친구들에게 자기소개 하기

엄마 아빠 선생님, 이것만은 꼭!

1

이 활동은 **두려움과 불안을 극복**하는 과정의 핵심이에요. 두려움에서 벗어나는 유일한 방법은 두려움의 대상과 직접 마주하는 거예요. 하지만 너무 빠르거나 느리지 않게, 단계적으로 해 나가는 방법을 찾는 게 중요해요. 여러분은 창의력을 발휘해 아이가 위대한 도전을 하는 데 필요한 5단계를 정하도록 도와줄 수 있어요.

2

아이가 어떤 상황 앞에서 꼼짝도 못 할 정도로 너무 불안해한다면, 그것은 **지그재그 계단**을 연습하라는 분명한 신호예요. 아이에게 강요하지 말고 그 상황을 극복할 수 있도록 천천히 자연스럽게 그 상황과 마주하도록 해 주세요. 너무 어려운 일에 도전하다가 좌절하는 것보다는 아주 쉬운 일부터 시작해서 조금씩 성취감을 얻는 게 좋아요.

3

다음 계단으로 올라가기 전에 각 계단에서 필요한 만큼 충분히 훈련하는 게 좋아요. 그래야 긴장감도 덜하고 더 즐겁게 할 수 있을 테니까요. 아이가 편안한 모습을 보인다는 것은 다음 계단으로 올라갈 수 있다는 신호예요.

4

마음 행성과 몸 행성에서 두려움과 불안을 극복하기 위해 했던 몸 이완이나 동기를 부여하는 기술을 함께 활용하세요.

5

아이가 발전할 때마다 **칭찬하고** 축하해 주세요. 그 내용을 다른 가족과도 나눠 주세요. 그렇게 하면 아이는 자신의 능력이 뛰어나고 충분히 도전 과제를 해낼 수 있다고 생각하게 될 거예요.

2

이제 두 눈을 뜨고 수첩에 여러분의 도전 과제를 써 보세요. 그다음 두꺼운 종이에 5단계로 된 **지그재그 계단**을 그린 다음 잘라 보세요. 그리고 도전을 이루기 위해 해야 할 일을 가장 쉬운 것부터 어려운 것까지 5단계로 적어 보세요.

3

계단과 단계별 해야 할 일을 방의 벽이나 코르크판에 붙여 보세요. 거실에 붙여도 좋아요. 그리고 **자신감**을 얻을 때까지 각 계단에 머물러 있을 수 있어요. 여기에서 중요한 점은 매일 각 계단에서 조금씩 훈련하는 거예요.

1단계: 혼자 방에서 큰 소리로 책 읽기.

2단계: 반려동물에게 큰 소리로 읽어 주거나, 방문을 조금 열어 두고 큰 소리로 읽기.

3단계: 큰 소리로 읽는 동안 믿을 만한 사람에게 함께 있어 달라고 부탁하기.

4단계: 집에서 한 명 이상 앞에서 큰 소리로 책 읽기.

5단계: 사람들 앞에서 큰 소리로 책 읽기.

도전: 사람들 앞에서 큰 소리로 책 읽기

어떤 일을 할 때 두려움이 밀려오면, 절대 할 수 없다는 생각이 들어요. 하지만 그럴 때 산을 오르듯 조금씩 올라가는 **도전**으로 바꿔 본다면 더 잘 해낼 수 있어요. 전문 산악인은 처음 산에 오르는 사람들에게 지그재그로 산을 오르라고 알려 줘요. **더 멀고 더 오래** 걸리지 않냐고요? 그렇긴 해요. 하지만 그렇게 가면 **덜 지쳐요**. 그리고 정상으로 가는 길이 더 즐겁고 포기할 가능성도 줄어들고요.

탐험 목표

도전을 5단계로 나누고, 조금씩 자신감을 느끼면서 극복해 나가기.

준비물

연필, 수첩, 두꺼운 종이, 가위, 열심히 하는 자세, 상상력

레디~, 액션!

1

여러분이 이루고 싶은 **도전** 과제를 한 가지씩 생각해 보세요. 사람들 앞에서 큰 소리로 책 읽기, 모르는 사람들에게 자기소개 하기, 식당에서 주문하기 등이요. 너무 거창하지 않아도 돼요. 몇 초간 눈을 감고 여러분이 성공하는 모습을 상상해 보세요.

불안과 두려움을 없애기 위해

 마음을 들여다보고 몸을 이완했다면

이젠 직접 해 볼 차례!

도전을 마주하는 용기와 함께

도전에 성공할 수 있는

특별한 계획과 실천 방법을 알아보자고~.

무엇을 배웠나요?

우리는 늘 두렵고 불편한 상황을 만나게 돼요. 하지만 **용기 폭포** 덕분에 그것들을 피하기보다 조금씩 그것들과 마주하며 경험하는 편이 낫다는 걸 알게 되었어요.

훈련하면 할수록 우리는 더 굳세고 강해질 거야! 수영장에 내가 먼저 들어갈게!

차가운 물에 들어갈 때는 항상 소리를 지르거나 벌벌 떨게 되죠. 그래서 차분히 호흡하려면 스스로를 다스릴 수 있는 자제력과 많은 용기가 필요해요. 아무리 사소해 보이는 일이라도 용기를 키우는 좋은 기회가 될 수 있어요.

엄마 아빠 선생님, 이것만은 꼭!

1

우리는 대부분 좋은 부모란 모든 위험으로부터 아이를 보호하는 것이라고 믿었어요. 그래서 나쁜 일이 일어나지 않도록 아이를 통제하죠. 하지만 이것은 아이가 **결단력 있는 사람**으로 자라고 스스로 도전해 나가는 데 도움이 되지 않아요. 우리는 아이에게 어느 정도 자유를 경험할 수 있게 해야 해요. 스스로 어려움을 해결하고, 작은 도전을 해 보며, 힘든 경험도 할 수 있도록요.

2

아이와 도전 과제를 함께 해 보세요. 차가운 바다에 들어가기, 자전거로 완주하기, 하이킹하기 등을 함께 할 수 있을 거예요. 그러나 여러분이 전문가 역할을 맡아서는 안 돼요. 그 일들이 여러분에게도 도전 과제라는 걸 알려 주세요. 그리고 여러분이 그것을 이루기 위해 앞에서 말한 **용감한 태도** 공식을 어떻게 사용하는지 말해 주세요.

3

이 활동에서는 **호흡**의 역할이 중요해요. 들이쉬는 숨은 에너지와 힘, 용기를 빨아들이는 것과 관련이 있어요. 그리고 내쉬는 숨은 긴장을 풀고, 쥐고 있던 걸 놓고, 진정하는 것과 관련이 있어요. 이런 식으로 도전에 직면했을 때 호흡의 감각을 느껴 보세요. 그렇게 하면 여러분은 아이가 힘들 때 더 잘 도와줄 수 있을 거예요.

4

절대 아이에게 강요하지는 마세요. 아이가 용감한 태도에 대한 거부감이 크다면, 여러분이 직접 삶으로 보여 주세요. 말로 하는 교훈이 아니라, 여러분 삶을 곁에서 보게 하는 거예요. 아이는 여러분을 보기만 해도 배울 수 있어요. 이 방법을 믿어 보세요. 학습 속도는 좀 느리지만, 매우 효과적이에요.

2

샤워 수도꼭지를 틀고 찬물만 나오게 하세요. 절대 뜨거운 물은 안 돼요, 알겠죠? 먼저 발만 적시세요. 그리고 아주 천천히 샤워기를 올려 조금씩 몸 위쪽을 적셔요. 그러면서 자신에게 좋은 말을 해 주면 **점점 더 자신감이 생길** 거예요. "나는 너무 잘하고 있어.", "그렇게 나쁘지는 않아.", "잘되고 있어.".

3

물이 점점 몸 위쪽으로 올라올 때마다 호흡을 조절해 보세요. 숨을 들이쉬면서 용기를 채워 보세요. **숨을 내쉬면서** 젖은 몸의 **긴장을 풀어 보세요.** 올라갈 수 있는 부분까지 샤워기 물을 뿌려 보세요. 높이 올라갈수록 좋지만, 무리하지 않아도 돼요.

4

이제 샤워실에서 나가도 돼요! 깨끗한 수건을 들고 마음대로 몸을 말려 보세요. **용감한 태도**를 길렀으니까요.

용감한 태도
=
긍정적인 말
+
충분한 호흡

우리를 두렵게 하거나 불편하게 만드는 것과 당당히 마주하는 것을 용기라고 해요. **용기** 있게 행동하면 기분이 좋아지죠. 그리고 좋은 일도 생기고, **우리 자신을 극복하는 데** 도움이 돼요. 때로는 새로운 음식을 먹어 보거나, 부모님께 걱정거리를 털어놓거나, 어려울 때 포기하지 않는 것이 용기예요. 혹시 용기도 근육처럼 단련된다는 걸 알고 있었나요?

> 우리가 방법을 가르쳐 줄게요!

탐험 목표

어려운 일이 닥칠 때를 대비해서 용기 근육 기르기.

> **준비물**
> 샤워기, 호흡, 긍정적인 말, 자신감

1

샤워실에 들어가서 편안하게 숨을 쉬어 보세요. 여러분이 지을 수 있는 최고의 미소를 지으며 자신에게 **긍정적인 말**을 해 주세요. "난 할 수 있어.", "난 하고 싶어.", "난 해낼 거야.", "나는 놀라운 사람이야.".

두렵거나 어렵거나 힘들거나

　　　처음 해 보는 일은 누구나 쉽지 않아.

그러니까 준비가 필요하고 노력이 필요하지.

작은 일부터 피하지 말고 조금씩 조금씩

　　마주하는 횟수를 늘리다 보면

　　　용기 근육이 단단해져서

더 큰 어려움도 잘 극복할 수 있어!

행동 행성

용기 폭포

지그재그 계단

무엇을 배웠나요?

우리에게 고요함과 편안함을 주는 장소와 사람들이 있어요. 그들과 함께 있거나 그곳에 있으면 안전함을 느끼고 마법처럼 불안이 사라지죠. **피난처**는 우리가 안전하다고 느끼는 장소예요. 이곳은 우리가 가장 좋아하는 곳이기도 해요. 여기에는 우리가 좋아하는 사람이나 물건이 있어요. 그리고 우리가 필요할 때마다 그곳에 갈 수 있죠. 피난처는 늘 우리 마음속에 있으니까요. 우리의 기억 속에 있는 나라니까요.

그냥 우리는 피난처에 앉아서 떠오르는 모든 감각에 몸을 맡기기만 하면 돼요.

엄마 아빠 선생님, 이것만은 꼭!

1

아이와 그 장소에 관한 이야기를 나누어 보세요. 오감으로 느끼는 모든 부분을 포함해서 가능한 사실적으로 설명하게 하세요.

2

상황에 따라 아이에게 두 가지 피난처를 갖게 할 수도 있어요. 하나는 **평온함**을 느끼게 하는 곳이고, 다른 하나는 **용기**를 갖도록 도와주는 곳이에요. 두 번째 피난처는 아이가 새로운 일을 하거나 어려운 일을 할 때 힘을 얻기 위해 갈 수 있는 곳이에요.

3

불안한 아이들은 긍정적인 것보다 부정적인 것에 주의를 기울이는 경향이 있어요. 따라서 이런 활동을 통해 즐겁고 긍정적인 경험의 중요성을 강조하면서, 아이가 그쪽으로 주의를 기울이도록 균형을 잡아 줄 수 있어요.

4

아이가 안전함과 자신감을 느꼈다면, 이런 **생각**을 하게 하세요. "**이 경험이 너의 앨범에 간직할 만한 좋은 피난처라고 생각하니?**"

5

여러분의 피난처는 어떤 게 있는지 아이들과 이야기해 보세요. 그리고 그 **피난처**를 통해서 어려운 상황에 어떻게 대처했는지도 함께 이야기해 보세요.

6

여러분이나 아이의 목소리로 공책이나 도화지에 그린 내용을 말로 녹음해 볼 수도 있어요. 그리고 처음에는 피난처를 자세하게 떠올릴 수 있도록 녹음된 내용을 들어 주세요.

2

공책이나 도화지에 색연필을 골라서 **나만의 피난처**를 그려 보세요. 안 좋은 일은 절대 일어날 수 없는 곳이죠.

3

조용하고 쾌적한 장소에 누워 보세요. 그리고 공책이나 도화지에 그린 상상 속 그곳으로 날아가 보세요. 시간은 아주아주 많아요. 그러니 **서두르지 마세요**.

4

숨을 들이쉴 때마다 피난처의 곳곳을 속속들이 살펴보세요. **숨을 내쉴 때**마다 몸속 깊은 부분까지 긴장을 푸세요.

이제 여러분에게는 필요할 때마다 갈 수 있는 **마음속 피난처**가 있어요! 절대 잊지 마세요. 그리고 자세한 부분이 기억나지 않으면, 다시 그림을 펼쳐 보세요!

그곳이 왜 그렇게 특별한지 생각해 보세요.
호흡하면서 주변 환경을 즐겨 보세요.
또 여러분의 모습도 살펴보세요. 지금 앉아 있나요,
걷고 있나요, 아니면 누워 있나요?

주변을 둘러보세요. 좀 더 안심되고 좀 더
평온함이 느껴지는 것들을 자세히 살펴보세요.
그곳의 긍정적인 에너지를 느껴 보세요. 그리고
보고 느끼는 모든 것에 집중해 보세요.

이 특별하고 아름다운 곳으로
돌아가고 싶으면 사진을 보듯
그냥 그곳을 떠올리기만 하면 돼요.

이제 마음의 준비를 하고 조금씩 현실로 돌아오세요.
손과 발을 천천히 움직이고, 주변 소리에 귀를
기울이세요. 그리고 그 피난처의 편안하고 평온한
느낌을 유지하세요. 자, 이제 마음의 준비가 되면,
눈을 뜨세요.

여러분이 보호받고, 안전하고, 고요하다고 느끼는 아주 아름다운 장소를 머릿속으로 그려 보세요.

예전에 가 봤거나 사진에서 본 장소가 될 수도 있겠죠. 아니면 여러분의 상상 속 장소일 수도 있고요….

여러분에게 필요한 게 다 있는 곳이에요. 여러분이 꿈꾸는 장소죠. 여러분의 모든 감각을 동원해서 그곳을 하나하나 느껴 보세요. 그곳의 빛, 모양, 소리, 냄새, 맛을 느껴 보세요. 그곳에는 여러분 혼자 있을 수도 있고, 아니면 다른 친구들과 함께 있을 수도 있어요.

주의 집중은 우리 생각 중에서 가장 강력한 스위치예요. 이것은 여러분이 원하는 건 뭐든 비출 수 있는 전구와 같죠. 여러분이 힘든 상황에 있다고 상상해 보세요. 선생님께 혼나거나 친구가 무시해서 화가 나고 슬픈 상황 말이에요. 어떻게 하면 더 안심되고 보호받는 느낌이 드는 곳으로 주의 집중 전구의 **방향을 바꿀 수** 있을까요?

탐험 목표

나만의 피난처 이미지 분명하고 자세하게 만들기.
평온함과 고요함을 되찾고 싶을 때마다 그곳으로 갈 수 있을 거예요.

준비물
공책이나 도화지,
연필, 색연필,
조용하고 쾌적한 곳,
많은 기억과 상상력,
켜져 있는 주의 집중 전구

1
다음 이야기를 상상하면서 천천히 읽어 보세요.

피난처

넌 학교에서 안 좋은 하루를 보냈거나 친구와 말다툼했을 때 어디로 가니?

거기에 뭐가 있니?

거기에는 누군가 두 팔 벌리고 널 기다리고 있니?

우리 마음속 **피난처**가 어떤 곳인지 알아보자. 거기는 우리가 안전하고 싶을 때 언제든지 갈 수 있는 곳이야.

나만의 피난처

생활하다 보면

언제나 좋은 일만 있을 수는 없어.

친구와 싸워서 화가 나는 일도 있을 수 있고,

친한 친구와 헤어져야만 하는 슬픈 일도 있을 수 있지.

하지만 화나고 슬픈 감정에 빠져

매일매일을 보낼 순 없잖아.

언제든 나를 위로해 주고 보듬어 주며

편안함을 주는 공간이 있다면 어떨까?

지금부터 너만의 피난처를 찾아 탐험을 떠나자.

무엇을 배웠나요?

걱정될 때 몸이 긴장되고 오만 가지 생각이 다 드는 건 막을 수가 없어요. 하지만 **요가 수행자**의 자세를 따라 하다 보면 몸이 편안해지고, 머릿속을 조금이나마 비울 수 있어요.

하다 보면 분명 가장 맘에 드는 자세를 찾게 될 거야!

연습할 때마다 8가지 자세를 다 할 필요는 없어. 1번, 2번, 아니면 네가 하고 싶은 걸 해.

처음에는 긴장을 풀고 불안에서 벗어나려고 요가를 시작하게 돼요. 하지만 요가는 점차 자신의 몸과 생각을 느끼고 깨닫는 생활 속 습관이 될 수 있어요.

엄마 아빠 선생님, 이것만은 꼭!

1

이 요가 활동에는 몇 가지 목표가 있어요.

✱ 스트레스와 불안이 심할 때 몸속에 쌓인 긴장감을 **해소**해요.
아이가 스트레스를 받거나 불안해한다면 요가를 하도록 권해 주세요.

✱ **생각을 멈추고** 천천히 그리고 의식적으로 **몸에 집중**하는 법을 배워요.
요가 공간을 만들어서 아이에게 연습하는 습관을 길러 주세요. 여러분이 아이와 함께한다면 활동을 통한 목표 이외에도 다양한 효과를 얻게 될 거예요.

✱ 다소 불편한 자세로 호흡하는 법을 배워요. 이런 자세를 통해 스트레스를 받거나 긴장할 때 **호흡하는 법**을 배우게 돼요.

2

요가 자세 중에는 더 쉬운 자세도 있고 더 어려운 자세도 있어요. 아이가 유연성이나 균형 감각이 부족해서 특정 자세를 하기 힘들어한다면, 더 잘할 수 있도록 호흡을 도와주세요. 숨을 들이쉬면 자세를 할 때 몸이 더 열려서 도움이 돼요. 그리고 숨을 내쉬면 그 자세를 더 깊게 하는 데 도움이 되고요.

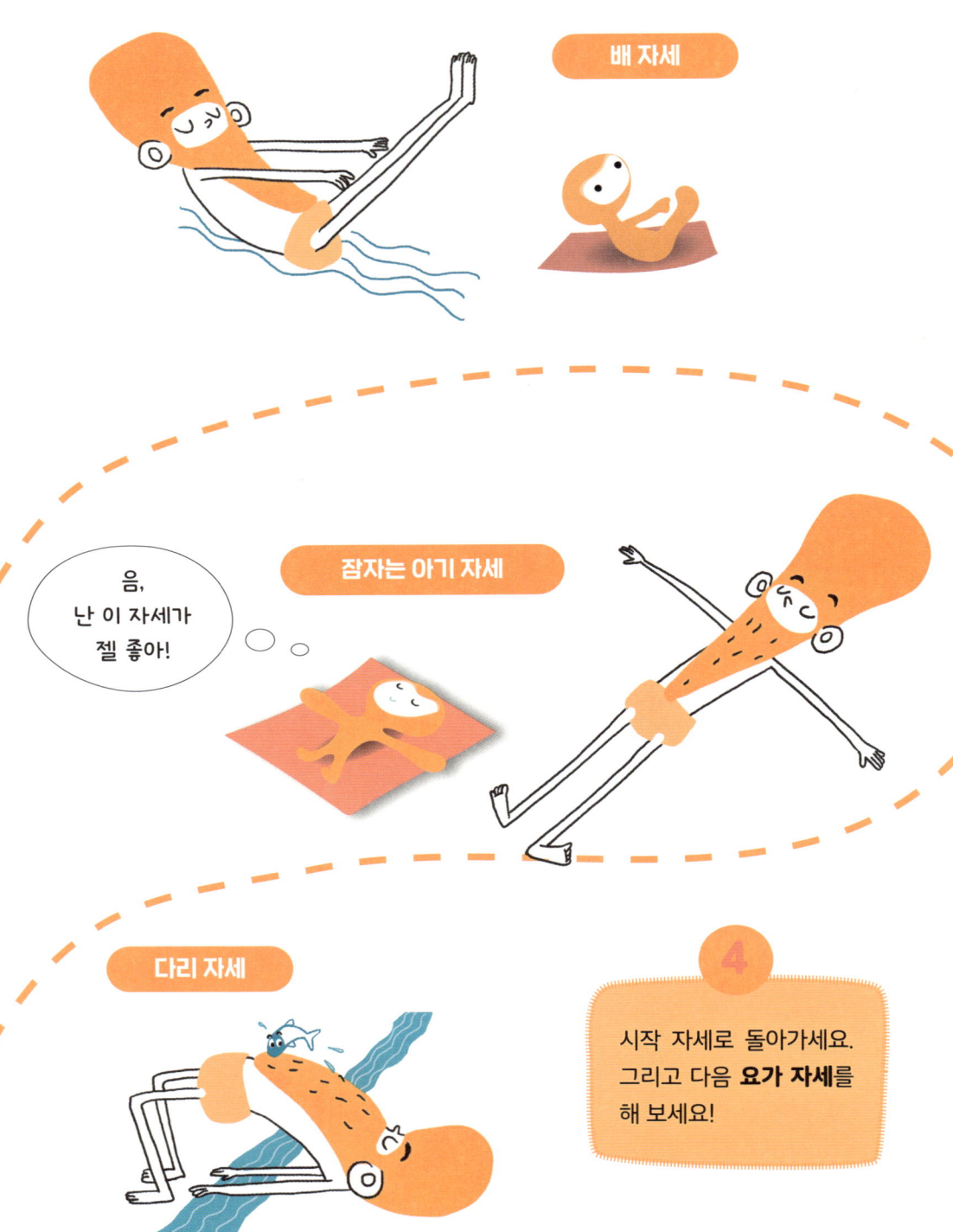

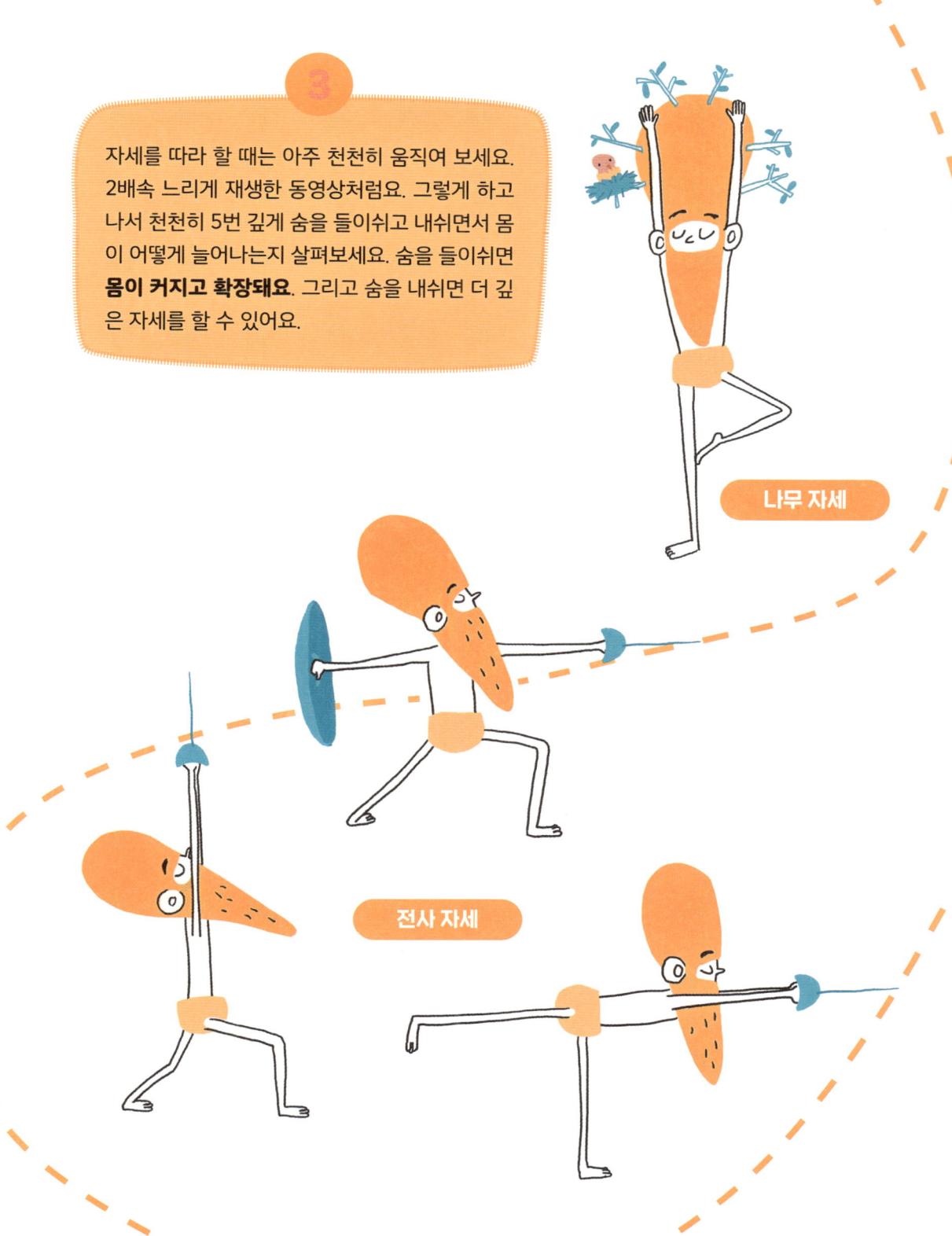

3

자세를 따라 할 때는 아주 천천히 움직여 보세요. 2배속 느리게 재생한 동영상처럼요. 그렇게 하고 나서 천천히 5번 깊게 숨을 들이쉬고 내쉬면서 몸이 어떻게 늘어나는지 살펴보세요. 숨을 들이쉬면 **몸이 커지고 확장돼요**. 그리고 숨을 내쉬면 더 깊은 자세를 할 수 있어요.

나무 자세

전사 자세

2

두 눈을 뜨세요. 그리고 시작하고 싶은 **요가 자세**를 선택하세요. 요가 수행자가 하는 몸 자세를 눈여겨보세요.

산 자세

개 자세

고양이 자세

우리는 불안하면 **계속 생각하게 되고**, 쏘기 직전의 새총 고무줄처럼 **몸이 팽팽하게 긴장**돼요! 지금부터 긴장을 풀기 위해 동굴에서 요가 하는 수행자를 찾아가려고 해요. '아사나'라고도 부르는 요가의 균형 자세는 건강하고 유연한 몸을 얻는 데 도움이 된답니다.

요가 수행자가 될 준비가 되었나요?

탐험 목표

바른 신체 습관을 갖고 집중력을 높이기 위해 8가지 기본 요가 자세 배우기.

준비물

매트, 편안한 옷, 맨발, 평온함, 집중력

1

매트 위에 앉아 보세요. 그리고 두 눈을 감고 천천히 3번 심호흡을 해 보세요.

이봐! 자면 안 돼!

요가는 아무나 할 수 없다고?

   천만에. 천천히 하나씩 따라 하다 보면

누구나 요가 수행자가 될 수 있어.

긴장된 몸을 풀고

생각을 집중할 수 있도록 돕는 요가,

몸과 생각을 의식하는

생활 속 습관이야.

무엇을 배웠나요?

우리 몸은 우리의 집이에요. 그래서 집을 돌보듯 우리 몸도 **돌보고 수리하고 보호해야** 해요. **평온한 동물원**에 가면 동물이 되어 보기도 하고 동물과 함께하면서 우리 몸 곳곳을 돌볼 수 있어요. 우리 몸을 삶은 스파게티 면처럼 부드럽게 만들려면 긴장했다가 풀어 주세요. 이제 긴장해서 몸이 뻣뻣해질 때마다 이 재미있는 동물원의 문을 열기만 하면 돼요.

엄마 아빠 선생님, 이것만은 꼭!

1

아이가 이 활동을 좀 더 쉽게 할 수 있도록 방법을 **녹음해 주세요**. 그러면 필요할 때마다 들어 볼 수 있어요. 녹음할 때는 부드럽고 편안하며 기분 좋은 목소리로 녹음하세요. **여러분의 목소리로 녹음하면 긴장 완화 효과는 배가 될 거예요!**

2

아이가 긴장을 푸는 데 **도움이 될 만한 감각 기억**을 만들도록 격려해 주세요. 이 감각 기억은 우리가 의식적으로 경험할 수 있는 고요하고 평온한 경험이에요. 아이에게 말로 설명하는 대신 즐거운 감각을 직접 경험하게 해 주세요. 아이들은 직접 느낄 때 훨씬 더 빨리 배우거든요.

3

이 활동은 세계적인 임상생리학자 에드먼드 제이콥슨 박사가 개발한 '점진적 근육 이완법'을 바탕으로 아이들이 쉽게 따라 할 수 있도록 보완한 운동법이에요. 아이들의 긴장을 완화해 주죠. 이 방법을 잘 습득하려면 **자주 연습**해야 해요. 일주일에 한 번은 하는 게 좋아요.

4

이 활동은 긴장과 이완의 **대비**를 이용한 기법이에요. 하지만 아이가 몸 곳곳을 잘 느끼며 살펴볼 수 있도록 환경을 조금씩 바꿔 줄 수도 있어요. 따뜻하게 해 주거나, 무거운 걸 올리거나, 부드럽게 해 주거나, 늘려 주거나, 편안한 느낌을 줄 수도 있어요.

7

저 멀리서 코끼리 세 마리가 여유롭게 산책해요. 여러분도 잔디에 누워 긴장을 풀고 **배에서 힘을 빼세요**.

아, 코끼리가 다가오고 있어요. 코끼리에게 밟힐지 모르니 최대한 배에 **힘을 주세요**.
그 상태를 유지하세요. 그리고 천천히 3초를 세어 보세요. 이제 힘을 **빼세요**.
코끼리가 다른 길로 갔네요.
휴, 정말 아슬아슬했어요!
천천히 5초를 셀 때까지 배를 편안하게 두고 자연스럽게 숨을 쉬세요.

8

오리처럼 **다리와 발의 긴장을 푸세요**.

여러분은 연못 위에 놓인 다리에 앉아서 물에 발을 담그고 싶어 해요.
발끝을 최대한 **늘리고**, 천천히 3초를 세어 보세요. 물에서 발을 빼고, 5초를 셀 때까지 긴장을 풀어 보세요.

5

마치 파리가 여러분을 귀찮게 한다는 듯 얼굴과 코를 움직여서 **긴장을 푸세요**.

여러분의 코와 입, 이마, 얼굴 전체를 **움직여 보세요**. 그리고 얼굴을 찡그리고 요리조리 움직여서 파리를 쫓아 보세요. 3초를 세면서 천천히 해 보세요. 이제 날아갔네요. 5초를 세면서 천천히 얼굴의 긴장을 푸세요.

6

말처럼 **가슴과 폐의 긴장을 푸세요**.

깊게 **숨을 들이쉬고** 나서 3초를 세는 동안 숨을 참아 보세요. 그리고 5초를 셀 때까지 천천히 숨을 내쉬세요.

2

사자처럼 팔과 어깨의 긴장을 푸세요.

편히 누워 천천히 3초를 세면서 머리 위쪽으로 양팔을 **뻗으세요**. 그리고 5초를 세면서 천천히 팔을 내리세요.

3

거북이처럼 목의 긴장을 푸세요.

머리를 등딱지 안으로 **숨기려**는 듯 어깨를 귀 쪽으로 **올리세요**. 이 자세로 천천히 3초까지 세어 보세요. 5초를 세며 천천히 어깨를 제자리로 내리고 편하게 두세요.

4

소처럼 턱의 긴장을 푸세요.

마치 초원의 풀을 다 뜯어 먹은 듯 3초를 세며 입안에 풀을 가득 넣고 **씹어 보세요**. 다 먹고 나면 5초를 세며 크게 입을 벌려 **하품하면서** 천천히 턱의 긴장을 푸세요.

안전하고 편안하고 행복한 느낌이 들 때, 우리 몸은 스파게티 면처럼 **부드러워져요**. 엄마가 토마토소스랑 함께 준비해 주는 삶은 면 말이에요. 하지만 긴장하거나 겁을 먹거나 걱정하면 우리 몸은 말린 스파게티 면처럼 **단단하고 뻣뻣해져요**. 삶은 스파게티 면처럼 우리 몸을 부드럽게 하려면 어떻게 해야 할까요?

탐험 목표

평온한 동물원의 동물로 변해서 근육 긴장 풀어 주기.

준비물
조용한 곳,
스트레칭을 할 수 있는 공간,
편안한 음악(선택 사항), 상상력

1

동물원 입구에서 레모네이드를 만들며 **손과 팔의 긴장을 푸세요**.

양손에 각각 레몬을 쥐고 **짜 보세요**.
힘을 꽉 주세요. 전부 다 주스로 만드세요.
천천히 3초를 세고 나서 손을 펴세요.
레몬을 바닥에 놓고 손과 팔의
긴장을 잘 풀어 주세요.
천천히 5초를 셀 때까지 손과 팔을 쉬세요.
이 동작을 2번 반복하세요.

평온한 동물원

넌 불안한 생각을 하면 배가 아프거나 심장이 너무 빨리 뛰니?

창피하면 주먹을 꽉 쥐거나 손톱을 물어뜯니?

평온한 동물원에서는 이런 불편한 느낌을 잠재울 수 있는 동물로 변해 볼 거야!

불안하거나 긴장하면 몸이 먼저 반응해.

 평소 하지 않던 행동을 반복한다든가

갑자기 화장실이 가고 싶기도 하지.

감정 때문에 몸도 함께 긴장하기 때문에 생기는 반응이야.

몸을 부드럽게 풀어 주는 법,

스트레칭만큼 좋은 것도 없어.

재미있게 몸을 풀어 볼까?

무엇을 배웠나요?

호흡은 우리가 긴장하거나 걱정할 때 항상 우리에게 신호를 보내요. 호흡이 매우 빠를 때 **호흡 측정기**를 이용하면, 호흡이 진정되고 편안하게 의식적 호흡을 할 수 있어요. 그리고 들이쉬는 숨보다 내쉬는 숨을 더 길게 할 수 있게 돼요. 그러다 보면 마음이 진정되고 몸도 편안해지고 주변 상황을 긍정적으로 받아들이게 돼요.

엄마 아빠 선생님, 이것만은 꼭!

4 잠들기 전에 간단한 **의식적 호흡 연습**을 해 보세요. 숨을 내쉬고 들이쉬는 것을 스스로 느끼고 알면서 일부러 하는 호흡을 의식적 호흡이라고 합니다.

두 눈을 감아 보세요.
여러분의 호흡에 귀를 기울여 보세요.
짧은가요, 아니면 긴가요?

멈추기

규칙적인가요, 아니면 불규칙한가요?

멈추기

호흡을 어디에서 느끼나요?
배나 목, 아니면 콧구멍으로 느끼나요?

멈추기

몸의 어느 부분에서 움직임이 느껴지나요?

멈추기

들이쉬기와 내쉬기 중 어느 것이 더 쉽나요?

멈추기

몸에 숨이 들어오고 나갈 때 소리가 나나요?

멈추기

이 질문들에 대한 대답은 소리 내지 않고
속으로 생각하기만 하면 돼요.

엄마 아빠 선생님, 이것만은 꼭!

1

호흡은 우리 몸의 **지휘자**예요. 불안할 때 올바른 호흡을 하면 몸과 마음이 진정되고 더 차분하고 편안해져요. 아이가 천천히 그리고 의식적으로 숨을 쉬도록 알려 주는 게 좋아요. 또 **여러분**이 안내자 역할을 해 줄 수도 있어요. 여러분이 하는 걸 보고 아이가 따라 할 수 있게 해 주세요.

2

호흡 측정기로 사용할 수 있는 것들은 많아요. 여기에서는 손을 사용했어요. 손은 언제라도 사용할 수 있으니까요. 하지만 만일 곰 인형으로 바꾸고 싶다면, 아이가 호흡에 따라 그것을 들어 올리고 내리게 할 수도 있어요. 아니면 얼굴에 얇은 손수건을 올려 주고 숨을 들이쉬고 내쉴 때마다 그것이 어떻게 움직이는지 느끼게 할 수도 있어요. 여러분의 창의력을 한번 발휘해 보세요!

3

불안의 위기 앞에서 아이가 아래와 같이 숨을 쉬도록 안내해 주세요.

> 4초 동안 **들이쉬기**
> 6초 동안 **내쉬기**
> 〰️
> 4초 동안 **멈추기**

4번 반복

> 4초 동안 **들이쉬기**
> 6초 동안 **내쉬기**
> 〰️
> 6초 동안 **멈추기**

4번 반복

> 4초 동안 **들이쉬기**
> 6초 동안 **내쉬기**
> 〰️
> 8초 동안 **멈추기**

4번 반복

우리는 멈추기를 **휴게실**이라고 부를 수도 있어요.

숨을 모두 **내쉬면서** 두 손이 허벅지에 닿을 때까지 천천히 내리세요. 몇 초 동안 손을 가만히 두세요. 그리고 다시 손바닥을 위로 향하게 하세요.

같은 운동을 5번 이상 반복하세요. 항상 내쉬는 숨을 들이쉬는 숨보다 두 배 오래 하도록 노력해 보세요.

호흡 측정기에서는 호흡을 멈춘다고 할 때까지 계속 손을 움직여 볼 거야. 두 손은 너의 호흡이 어떤지를 자세하게 보여 주지.

2

양 손바닥을 위로 향하게 하고 허벅지에 손을 얹어 보세요. 이제 손바닥이 여러분의 **호흡 측정기**가 될 거예요. 손은 여러분의 숨소리에 맞춰 움직일 거예요.

3

매우 집중한 상태에서 두 손을 들어 올리면서 천천히 숨을 **들이쉬세요**. 다 들이쉬고 나면 잠시 **멈추고**, 양손을 아주 조금씩 돌려서 손바닥이 바닥을 향하게 하세요.

차분할 때는 **호흡**이 느리고 편안해요. 하지만 걱정이 되고 두렵거나 부끄러울 때는 들숨과 날숨이 짧아지고 호흡 속도가 빨라져요. 그래서 어지러울 수도 있어요.

어떻게 하면 호흡을 진정시킬 수 있을까요?

탐험 목표

호흡의 변화를 알아채서 빨라질 때 진정시키고, 몸과 마음을 편안하게 하기.

준비물

두 손, 조용한 곳, 높은 집중력, 침묵

편안한 자세로 의자에 앉아 보세요. 등을 곧게 펴고 두 발을 땅에 내려놓으세요. 입술을 꽉 다물거나 이를 악물지 마세요. 그 자세로 고요함과 평온함을 찾는 시간을 보내 보세요.

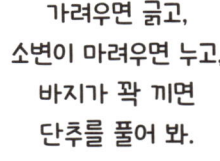

가려우면 긁고, 소변이 마려우면 누고, 바지가 꽉 끼면 단추를 풀어 봐.

호흡 측정기

너도 부끄럽거나 걱정이 생길 때 숨이 잘 안 쉬어지니?

아니면 반대로 호흡이 야생마처럼 걷잡을 수 없어지니?

우리는 **호흡 측정기**를 통해 호흡을 진정시키고 몸을 이완시키는 법을 배울 거야.

숨을 쉬는 일은 사람뿐만 아니라
  생명체라면 생명을 유지하기 위해
꼭 해야 하는 행위야.
보통 때라면 숨을 쉬는지 깨닫지 못하지만,
특별한 상황이 되면 거칠어지기도 하고
숨이 턱 막히기도 해.
네 안의 감정과 연결된 호흡,
  편안하게 진정시키는 방법을 배워 볼까?

무엇을 배웠나요?

모든 감정은 몸을 통해 우리와 이야기해요. 그래서 우리는 행복할 때 어떻게 웃는지, 어떻게 목소리가 커지는지 알죠. 또 긴장하거나 무서우면 손에 땀이 나고 입술을 물어뜯고, 바닥만 보기도 해요. 우리는 **몸 지도**를 통해서 이 모든 신호를 관찰할 수 있어요. 우리에겐 그 신호를 기억나게 해 줄 그림이 있어요! 이런 식으로 훈련하다 보면, 어떤 감정이 나타났을 때 곧바로 알아챌 수 있어요.

엄마 아빠 선생님, 이것만은 꼭!

1

몸 인식은 우리가 좀 더 현명하게 자신을 관리하고 건강을 돌보는 데 도움이 돼요. 아이가 그것을 발달시키기 위해서는 자기 몸의 언어를 배울 수 있도록 몸의 신호에 귀를 기울여야 해요.

2

우리는 너무 서두르며 살아갈 때가 많아요. 그래서 **성찰하는 태도**와 인식 능력을 기르기 위해 잠시 멈춰야 할 때를 놓치거나 멈추는 방법을 배우지 못하기도 해요. 내면을 들여다보는 일은 아이가 **자기 관찰**과 **자기 조절**을 배우는 방식이에요. 자기 자신의 목격자가 되는 일은 몸과 머리로 느끼고 생각하는 것을 이해하고, 그것이 우리가 사는 방식, 하는 일, 이루는 일에 미치는 영향을 관찰하는 방식이에요.

3

여러분은 아이가 **몸 지도**를 완성하거나, 그것과 관련된 활동을 하도록 도와줄 수 있어요. 여러분이 그것을 안내하는 동안 아이는 눈을 감고 자기 몸 전체를 살피는 법을 배울 수 있어요. 이렇게 여러 번 하다 보면 필요할 때 스스로 할 수 있답니다.

4

힘들거나 긴장되는 순간이 다가오려고 할 때 몸에 어떤 느낌이 드는지 아이에게 물어보세요. 그리고 몸 전체를 살피도록 도와주세요. 긴장감이 나타나는 몸 부위를 찾았다면, **움직이지 말고 세 번 숨을 쉬게** 해 주세요. 그러고 나서 몸 전체를 계속 살피도록 안내해 주세요.

2

누워서 두 눈을 감아 보세요. 두려움이나 불안을 느꼈던 상황을 떠올려 보세요. **몸의 어느 부분에서 그 감정을 느꼈나요?**

3

이제 눈을 떠 보세요. 여러분의 불안을 나타낼 색 펜을 골라 보세요. 그리고 몸 지도에 여러분이 확인한 장소들을 **표시해 보세요.**

4

다시 두 눈을 감아 보세요. 그리고 여러분이 몸 지도에 표시한 불안이 있는 곳으로 호흡을 보내 보세요. 그곳으로 천천히 숨을 들이쉬고 내쉬세요. 장소별로 세 번씩 **호흡**해 보세요. 마치 호흡으로 불안이 있는 부분을 마사지하는 것처럼요.

감정은 들판에 사는 동물처럼 우리 몸에 숨어 있어요. 하지만 각기 다른 곳에 숨어 있고, 다른 방식으로 나타나죠. 여러분은 몸을 보고 기쁜 줄 어떻게 아나요? 두 눈을 감고 **"내가 행복한 줄 어떻게 알았지?"** 라고 생각해 보면 바로 알 수 있어요. 아마도 여러분이 웃고 있었을 테니까요. 또 몸을 이리저리 활발하게 움직이기도 하죠. 목소리가 커지기도 할 테고요. 그렇다면 불안할 때는 몸에 어떤 변화가 나타날까요?

탐험 목표
우리 몸에서 불안이 숨어 있는 곳들을 찾고, 그것이 사라질 때까지 진정시키기.

준비물
수첩, 연필, 여러분의 불안을 나타내는 색 펜, 누울 장소, 조용함, 높은 집중력

1
좋아하는 수첩에 여러분의 몸 모양을 크게 그려 보세요. 이것이 여러분의 지도책이 됩니다.

자신을 잘 아는 방법에는 여러 가지가 있어.

하지만 방법을 배우기 전에

먼저 기억해야 해.

몸과 마음은 이어져 있다는 사실 말이야.

네 안에서 일어나는 감정을 이해하고 조절하기 위해서는

그 감정을 느꼈을 때 몸의 반응을 살피면 좋아.

내 몸 지도의 기적, 지금부터 느껴 보자.

몸 행성

호흡 측정기

요가 수행자의
동굴

무엇을 배웠나요?

사람은 누구나 **걱정이 생길지 안 생길지를 마음대로 결정할 수가 없어요**. 하지만 걱정이 생길 때 바로 처리할지 아니면 나중에 잠시 시간을 내서 처리할지는 스스로 결정할 수 있어요. 나중에 처리하면 우리는 걱정을 다스리는 사람이 되고, 그 순간에 하는 일을 즐길 수 있게 돼요.

엄마 아빠 선생님, 이것만은 꼭!

1

아이가 불안이 높아서 하루 15분만으로는 걱정 시간이 부족하면 아침 15분과 오후 15분으로 시작해 보세요. **여러분이 조금씩 그 시간을 줄여 주면 됩니다.**

2

아이의 성취를 인정하고 힘을 북돋워 주세요. 작은 발전일지라도 어떻게 이루었는지 설명해 달라고 요청하세요. 그러면 아이는 스스로 불안을 조금이나마 현명하게 관리한다고 느낄 수 있어요.

3

아이에게 "이 상황에서 네가 자부심을 느끼려면 어떻게 행동해야 할까?"라고 묻는 것은 행동할 때 바탕이 되는 생각, 즉 아이의 **가치**를 다룬 질문이에요. 단순히 "이렇게 행동하면 어떤 기분이 드니?"라고 감정을 물어보는 질문과는 달라요.

4

때때로 아이는 정해 놓은 걱정 시간을 잊고 아무 때나 걱정거리를 나누려고 할 수도 있어요. 그럴 때 아이에게 "네 이야기를 듣는 것도 좋지만, **정해 놓은 걱정 시간**에 하자."고 타일러 주세요. 그러면서 아이가 현재 상황에 몰두하도록 도와주세요.

5

현재를 사는 것은 오감에 주의를 기울이면서 불필요한 생각에서 벗어나는 가장 멋진 방법이에요. 매일 샤워할 때, 식사할 때, 자연 속을 산책할 때… 오감으로 느끼는 기분 좋은 감각들에 집중하고, 계속 그것을 느껴 보세요.

4

여러분의 걱정 시간에 **작은 상자를 열고** 넣어 둔 걱정거리를 확인하세요. 더는 중요하지 않게 된 포스트잇은 찢어 버려도 돼요.

그래도 여전히 걱정된다면,
다음 질문에 대답해 보세요.

이 상황에서 강한 자부심을 느끼려면 어떻게 행동해야 할까요?

준비한 수첩에 그 행동과 행동할 날짜를 함께 적어 보세요.
자부심은 나 자신을 믿고 당당히 여기는 마음이에요.
나를 자랑스럽게 여기는 마음이지요.

이 작은 종이 상자를 사용하면 너의 걱정거리가 늘어나지 않고, 걱정할 시간을 스스로 정할 수 있을 거야.

3

정해 놓은 15분 동안은 여러분의 **다섯 가지 감각**이 깨어 있어야 해요. 그래야 여러분의 생각이 **현재의 산**에 머물러 있을 수 있어요.

무슨 소리가 들리나요?

무슨 맛이 나나요?

촉감이 어떤가요?

뭘 보고 있나요?

무슨 냄새가 나나요?

1

하루 중에 **15분**, 조용히 여러분의 걱정거리를 생각할 수 있는 시간을 정하세요.

2

여러분이 정한 그 시간 외에 걱정거리가 찾아오면 그때마다 **포스트잇**에 그것을 적어서 작은 종이 **상자**에 넣어 보세요. 물론 그 상자는 여러분 마음대로 꾸며도 돼요. 그리고 그 걱정거리가 밖으로 나오지 못하도록 끈으로 꽁꽁 묶어 주세요.

쿠쿠, 지금이 이 생각을 하기에 가장 좋은 시간일까?

내 걱정거리 상자

우리는 **하루에 6만 가지 생각**을 해요! 정말 놀랍지 않나요? 그런데 이 많은 생각 중 대부분은 <mark>걱정거리</mark>예요. 우리가 알고 있듯 걱정거리는 껌처럼 아주 끈적끈적해요! 이미 벌어졌거나, 아직 일어나지 않은 일을 항상 머릿속에 넣고 있으면 그 생각들은 늘어난 껌처럼 아주 길고, 끈적해져요.

> 어떻게 그것을 떼어 낼 수 있을까요?

탐험 목표

걱정하며 보내는 시간 줄이기.
차분하고 긍정적이며 결단력 있는 태도로 하루에 딱 15분만 걱정하기.

> **준비물**
> 연필, 수첩, 종이 상자, 색 펜, 포스트잇, 끈, 결단력

어제는 내가 잠깐 참을걸,

　　　　내일 안 좋은 일이 생기면 어쩌지?

지난 일을 후회하며 걱정하고,

일어나지도 않은 일 때문에 걱정하느라

불안하고 초조하다고?

너의 다섯 가지 감각에 집중해 봐.

　보고, 듣고, 맛보고, 만져 보고, 냄새를 맡다 보면

　　지금 이 순간에 집중하며 걱정거리에서

　　　　벗어날 수 있을 테니까.

무엇을 배웠나요?

우리는 모두 자기 삶의 코치예요. 그래서 생각과 자기 자신에게 하는 말이 각자의 감정과 느낌에 영향을 주죠. **훈련장**을 떠나면서 우리는 세 가지를 연습할 거예요. 자신에게 전하는 **메시지**를 보다 **긍정적으로 바꾸고**, **좋은 생각**을 함으로써 걱정에서 벗어나며, 어려운 순간이 다가올 때 **자신을 격려**해 주는 거예요.

엄마 아빠 선생님, 이것만은 꼭!

1

이 놀이는 아이와 함께하는 활동으로 **자기-지시**라고 해요. 일상에서 여러 상황을 마주할 때 자기 자신에게 해 주는 말이지요. 이 활동은 아이가 느끼고 행동하는 데 직접적인 영향을 끼쳐요. 아이가 힘이 되는 좋은 문구들을 만들도록 도와주세요. 이 활동은 누구나 배우면 할 수 있어요!

2

여러분의 말이 아이가 **어린 시절 용기를** 키우는 데 도움이 될 수 있음을 기억하세요. 그러나 너무 비판적으로 말한다면, 아이는 그 말을 그대로 받아들여서 더 불안하고 겁 많은 사람이 될 수 있어요.

3

결과는 마음대로 할 수 없지만, 용기와 담력은 마음대로 가질 수 있다는 걸 강조해 주세요.

4

너무 겁내거나 포기하지 않고 스스로 어려움을 극복하고 도전하기 위해 노력하는 주인공이 나오는 영화들을 보여 주세요. 영화를 본 뒤, **용기 있게 행동하고 어려움을 극복하기** 위해 함께 만든 말들을 나눠 보세요.

5

여러분은 아이의 본보기가 될 수 있어요. 어려운 상황에 직면해야 할 때 인생의 선생님으로서 아이의 모범이 될 수 있어요. 아이가 여러분이 하는 걸 볼 수 있도록 큰 소리로 말해 보세요. 당신의 행동은 아이 삶에 **영향력 있는 자극**이 되어 줍니다.

여기 모든 훌륭한 코치가 팀에게 말해야 할 10개의 최고 문장이 있어요.

* 심호흡하고 나서 이제 해 봐!
* 딱 30초만 용기 내면 돼!
* 잘했어, 넌 충분히 하고도 남아!
* 무슨 일이 있어도, 난 네가 자랑스러워!
* 시도하지 않으면 이기지도 못해!
* 이 일 때문에 넌 더 강해질 거야!
* 눈앞에 성공을 그려 보고, 그걸 위해 힘내!
* 네가 원하면, 할 수 있어. 넌 능력자야!
* 가장 큰 실수는 시도하지 않는 거야!
* 시도했다면, 넌 이미 이긴 거야!

2

10개 문장을 **스티커**로 만들어 보세요. 문장을 원하는 모양으로 잘라서 스티커 종이에 붙이세요.

3

스티커 종이를 잘라 자주 볼 수 있도록 여러분의 방이나 거실, 가방 또는 공책에 붙이세요.

훌륭한 코치는 경기 전과 경기 중, 경기가 끝난 뒤에 팀을 격려한다는 걸 꼭 기억해!

만일 경기 전에 코치가 자기 팀에게 "너희는 정말 끔찍해.", "우리가 지면 어떡하지…?", "난 질 것 같은데.", "상대편은 준비를 더 잘했던데…."라고 말하면 어떨지 상상해 보세요. **정말 끔찍하겠죠!** 그런데 종종 우리도 그렇게 하고 있어요. 자기 자신에게 전혀 힘이 안 될 뿐만 아니라, 불안하고 초조하게 만드는 말을 하거든요.

그것을 바꾸려면 어떻게 해야 할까요?

탐험 목표

차분해지고 자신감이 생기며, 용기를 낼 수 있게 하는 말을 통해 자신을 격려하고 지지하기.
그 결과 우리 자신에게 최고의 코치가 되기.

준비물

색 펜, 수첩,
스티커 종이 혹은
접착 시트, 가위,
딱풀, 창의력,
용감한 태도

1

수첩을 펼쳐서 여러분에게 가장 힘이 되는 말과 힘들 때 가장 듣고 싶은 말을 **색 펜으로 크게** 써 보세요.

훈련장

누구에게나 힘이 되는 것들이 있어.

잠이 안 올 때 옆에 있어 주는 인형이나

처음 간 장소에서 꼭 잡은 엄마 아빠의 손이나

새로운 도전을 할 때 파이팅을 외쳐 주는

친구의 따뜻한 말 말이야.

이곳에서는 너에게 힘이 되는 말들을 찾아보며

스스로 용기 내어 앞으로 한 발짝

더 나아가는 자신을 찾는 시간이야.

무엇을 배웠나요?

누구나 모든 것을 다 잘하지는 못해요. 매일 잘하는 것도 아니고요. 하지만 명예의 거리 덕분에 우리는 잘하는 것이 많고, 최고의 순간이 있었다는 걸 기억하게 될 거예요. 머릿속에 불안한 생각이 떠오르는 건 막을 수가 없지만, 불안함을 다루는 방법을 선택하는 것은 우리 손에 달려 있어요.

셀카 앨범과 놀라운 순간 메달은 우리 자신을 좀 더 있는 그대로 바라보게 해 줘요.

엄마 아빠 선생님, 이것만은 꼭!

1

우리는 저마다 **능력**과 어려움이 있어요. 전부 다 잘할 수는 없죠. 더 잘할 때가 있는가 하면, 더 못할 때도 있어요. 아이도 마찬가지예요. 하지만 우리는 때때로 잊고 살아요. 일상에서 아이의 **긍정적인 모습**에 주목하고 칭찬하는 일이 얼마나 중요한지 말이에요. 오히려 아이를 혼내고, 바로 잡고, 지도하는 데 더 많은 관심을 쏟죠. 아이의 놀라운 순간을 생각해 내서 깜짝 놀라게 해 주세요. 그런 순간은 긍정적이고 멋진 아이의 모습을 되찾아 준답니다.

2

만일 아이가 힘든 일을 겪고 난 뒤여서 자신의 놀라운 순간에 대해 듣고 싶어 하지 않아 보인다면, 절대 강요하지 마세요. 그럴 때는 그저 아이의 말을 **들어 주고** 사랑과 애정으로 함께해 주는 편이 더 나을 거예요. 하지만 보통 일상생활에서는 아이에게 놀라운 순간을 기억나게 해 주는 게 좋아요.

3

이런 놀라운 순간들은 아이도 소중히 여기는 순간이어야 해요. 엄마, 아빠, 선생님의 생각이 아니라 아이가 생각하는 **가치**와 취향이 반영된 소중한 순간이요.

4

아이의 놀라운 순간을 다른 사람들과 **나누고**, 여러분이 여러분의 놀라운 순간을 다른 사람과 나누는 모습을 아이가 보고 들을 수 있게 해 주세요.

5

여러분도 일상에서 그렇게 하는 법을 배우세요. 여러분은 아이가 영감을 받을 수 있는 훌륭한 **본보기**가 될 테니까요.

1 두 눈을 감아 보세요. 그리고 여러분이 많이 웃었거나 누군가를 웃게 했던 날을 **기억**해 보세요.

2 가족에게 여러분이 매우 **용감**했던 때를 말해 달라고 부탁하세요.

3 수업 시간에 **친구**의 연습 문제를 도와줬던 때를 생각해 보세요.

셀카 앨범과 놀라운 순간 메달을 만들어 보세요!
그리고 이 모든 기억을 절대 잊지 않기 위해
특별한 수첩에 기억들을 적어 보세요.
그리고 그때 **사진**이 있다면 함께 붙여 보세요.

불안한 생각이 널 괴롭힌다면,
수첩을 들고 명예의 거리로 와서
너의 놀라운 순간들을 기억해 봐!

우리는 다른 사람보다 못하거나 부족하다고 느낄 때가 있어요. 그러면 **슬프고 초조하고 걱정도 늦죠**. 그리고 머릿속에서는 불안한 생각이 하나둘 고개를 들 수밖에 없어요. 이런 생각을 하면 **너무 괴로워요!** 그런데 하나둘 늘어나는 불안한 생각은 우리를 속일 수 있어요. 그동안 겪었던 모든 좋은 순간을 잊게 하거든요. 우리는 이런 좋은 순간을 놀라운 순간!이라고 불러요. 우리가 수많은 놀라운 순간을 기억하기 위해서 무엇을 할 수 있을까요?

함께 시작해 봐요!

탐험 목표

내게 의미가 있고 가치가 있고 내가 행복하다고 느꼈던 경험을 기억함으로써 항상 나쁜 순간만 있는 건 아니라는 사실 깨닫기.

준비물

연필, 수첩, 두꺼운 종이, 가위, 끈, 집중력

이건 네 생각이니?

나는 겁쟁이야.

아무도 나랑 놀고 싶어 하지 않아.

난 재미없는 사람이야.

나는 서툴러.

명예의 거리

수업 시간에 친구들이 비웃을까 봐 겁나서 질문을 못 한 적 있니?

혹시 네가 너무 몸치라고 느낀 적은? 다른 친구들이 너보다 춤이나 노래를 훨씬 잘한다고 생각한 적 있어?

여기 **명예의 거리**에서는 행복하고 즐거운 순간을 기억하면서 슬픈 생각을 없애는 방법을 찾아볼 거야.

잘하는 것이 있으면 못하는 것도 있고,

좋은 일이 있으면 안 좋은 일도 있기 마련이야.

자신을 친구와 비교하며 불안해하고

자신을 깎아내리며 슬퍼하는 것은

스스로를 잘 모르기 때문이지.

지금부터 네 안의 자존감을 높이고

슬픔을 날려 버릴 기억이 담긴

 튼튼한 병을 열어 보자.

무엇을 배웠나요?

걱정은 우리를 앞으로 한 발짝도 **나아가지 못하게** 가두는 생각의 한 형태예요. 어떤 일이 일어나기 전에 미리 일어날 일을 생각하면 잠시 안정감이 들 수 있어요. 하지만 그것은 전혀 도움이 되지 않는 가짜 안정감이에요. 오히려 더 큰 두려움과 불안이 생기죠. 대부분의 걱정은 절대 일어나지 않을 일인데 말이에요.

난 이제 내가 시험을 아주 잘 본다는 생각만 할 거야!

무관심이라는 상상의 옷을 입으면 예언 마녀의 괜한 걱정을 잘 구별할 수 있어요. 그러면 예언 마녀의 걱정을 의심하고, 듣지 않고, 믿지 않을 수 있지요.

엄마 아빠 선생님, 이것만은 꼭!

1

아이가 일어나지 않은 일에 대해 근거 없는 추측으로 걱정하고 있다는 사실을 알아채도록 도와주세요. 그리고 아이를 괴롭히는 예언 마녀를 신경 쓰지 않고 주의를 다른 데로 돌리도록 이끌어 주세요. **주의 돌리기**는 걱정거리를 없애고 억제하는 매우 강력한 도구예요. 사랑으로 지지해 주며 아이가 걱정에서 벗어나는 연습을 하고 실천하도록 도와주세요. 단, 비난이나 불평하는 태도는 피하세요.

2

아이와 거꾸로 상상하기 놀이를 해 보세요! **아주 긍정적인 눈**으로 미래를 추측해 보는 거예요. 이를테면 "만일 새 학교에서 친구를 많이 사귀면 어떡하지?", "만일 시험 결과가 아주 잘 나오면 어떡하지?", "만일 치과 의사 선생님이 하나도 안 아프게 치료해 주시면 어떡하지?"처럼 말이에요. 두 눈을 감고 마음이 **편안해지는** 긍정적인 결과를 몇 분 동안 구체적으로 상상해 보도록 아이를 격려해 주세요.

3

두려움을 느낄 때, 예언 마녀의 말을 들으면 많은 것을 잃어버릴 수 있으니 **듣지 않도록** 도와주세요.

4

예언 마녀의 예언이 전혀 맞지 않은 상황에 대해 아이와 차분히 대화를 나눠 보세요. 아이가 마녀를 의심하는 법을 배울 수 있도록 구체적인 증거를 제시해 주세요.

2

무관심이라는 상상의 옷을 입고 그 힘을 느껴 보세요. 이제 마녀를 무시해 보세요. 마녀의 말을 듣지 말고, 마치 마녀가 앞에 없는 듯 행동하는 거예요. 예언 마녀의 말은 절대 옳지 않거든요.

3

예언 마녀가 나타나면…
무시하세요!

* 마녀에게 이렇게 말해 보세요.
  "그래 떠들어 봐, 난 안 들을 테니까."
* 마녀가 계속 떠들고 있다면, 모른 척 춤 연습을 해 보세요.
* 좋아하는 노래를 부르면서 그림을 그려 보세요.
* 주변에서 일어나는 일들을 살펴보고 마음속으로 자신에게 설명해 보세요.

더 생각나는 게 있나요?
분명 있을 거예요!
준비한 수첩에 적어 보세요.

넌 마녀가 괴롭힐 때마다 무시하는 법을 배우게 될 거야. 그럴 때 마녀의 표정이 어떨지 생각하면서 크게 웃어 봐.

불안이 우리를 찾아오면 **걱정**이 아주 많아져요. 예언 마녀가 뭔가 나쁜 일이 일어난다는 생각을 하면서 점차 우리에게 다가오거든요. 그러면 심장이 너무 빨리 뛰고, 손에 땀도 나요. 또 울고 싶어지기도 해요. 마치 **악몽처럼** 우리가 생각한 일이 실제로 일어날 것만 같죠!

예언 마녀에게 괴롭힘을 당하지 않으려면 어떻게 해야 할까요?

탐험 목표

무관심이라는 상상의 옷을 입고 우리를 힘들고 슬프게 만드는 걱정거리를 **무시**하는 법 배우기.

준비물

연필, 수첩,
많은 창의력,
비웃음,
무관심의 옷

만일…

1

최근에 예언 마녀가 여러분에게 말해 준 모든 걱정거리를 한번 적어 보세요. '**만일**…'로 시작해서 슬프거나 지치게 만드는 모든 생각을 적어 봐요.

예언 마녀

너도 아직 일어나지 않은 일에 대해 생각해 본 적 있어?

넌 곧 모두의 마음속에 있는 작은 **예언 마녀**를 발견할 거야. 이 마녀는 늘 안 좋은 상황만 생각해. 하지만 그건 잘못된 추측이야. 왜냐하면 하나도 안 맞거든.

만일… 내가 시험에 떨어지면 어떡하지?

만일… 내가 바보 같은 말을 해서 사람들이 날 비웃으면 어떡하지?

만일… 사람들이 날 혼자 두면 어떡하지?

누구나 앞으로 일어날 일을
　　　　정확하게 알기는 어려워.
　　　그러니 상상하며 기대에 차 들뜨기도 하고,
미래를 위해 조금씩 준비하기도 하지.
하지만 지레짐작하며 겁부터 내고
　　　걱정하며 옴짝달싹 못 하기도 해.
　　너를 꽁꽁 묶어 버리는 예언 마녀,
　　　지금부터 하나씩 알아볼게.

무엇을 배웠나요?

우리는 모두 불편한 상황이 생기면 긴장하거나 불안해해요. 왜냐하면 **꼬마 괴물**이 자기 멋대로 행동하면서 짜증 나는 생각을 하게 만들거든요. 하지만 꼬마 괴물이 어떤지 안다면 꼬마 괴물이 찾아올 때 금방 알아챌 수 있어요. 또 우리는 꼬마 괴물 때문에 생기는 변화를 깨닫고 엄마 아빠나 선생님과 꼬마 괴물에 관해 이야기 나누며, 꼬마 괴물을 진정시킬 수 있는 가장 알맞은 도구를 찾을 수 있을 거예요.

엄마 아빠 선생님, 이것만은 꼭!

1

이 활동은 아이들이 불안을 **거리를 두고 바라보는** 데 도움이 돼요. 즉 불안을 자기 자신과 분리된 대상으로 바라봄으로써, 그 증상을 인식하고 막막해하지 않고 구체적으로 다룰 수 있게 도와주죠. **내가 곧 불안이 아니라**, 그저 **불안한 상태**라는 걸 깨닫게 하는 과정이에요.

2

불안을 **제삼자**처럼 여기고 말함으로써 불안한 상태임을 깨닫는 데 도움이 돼요. 이를테면 "이런, 불안이 또 네 배를 아프게 하네."라고 말해 주는 거예요.

3

때때로 아이의 불안이 엄마, 아빠, 선생님을 화나게 하거나 속상하게 만든다면, 그 화는 아들이나 딸이나 학생이 아닌, 아이의 불안 때문임을 명심하세요.

4

아이에게 설명해 주세요. 불안뿐만 아니라 기쁨과 사랑, 희망 같은 다른 많은 감정도 우리를 찾아온다고요. 감정은 우리를 찾아올 때마다 무언가를 말해 주고 특별한 느낌이 들게 해요. 따라서 아이가 **자기의 감정들을 인식**하고, 그것을 경험하면서 감정 지능(자신이나 다른 사람의 감정을 깨닫는 능력)을 키우도록 도와주세요.

5

여러분이 아이에게 꼬마 괴물을 부르는 암호명을 들었고, 그 괴물이 언제 찾아올지 안다면, 아이와 **비밀 친구**가 될 수 있어요. 그럼 필요할 때 남들 앞에서 꼬마 괴물에 관해 편하게 이야기할 수 있을 거예요. 아무도 눈치채지 못할 테니까요.

준비한 수첩에 다음 질문들을 적고, 큰 글씨로 답을 적어 보세요.

나는 긴장하거나 겁날 때 **무슨 생각**을 할까?

"어지러우면 어쩌지?" "엄두가 안 나." "집에 가고 싶어." "못 하겠어." "이불에 오줌을 싸면 어쩌지?"

나는 긴장하거나 겁날 때 **어떤 느낌**이 들까?

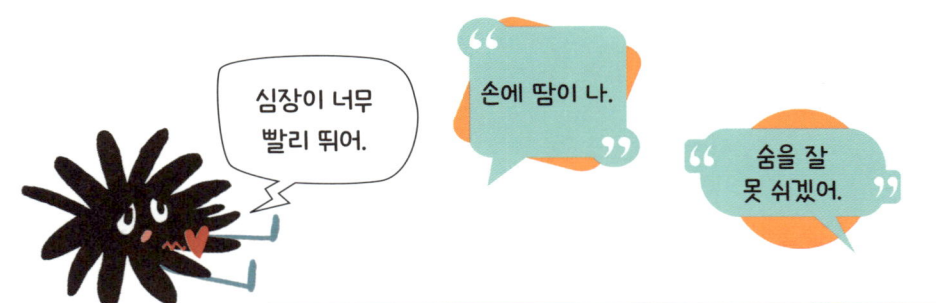

"심장이 너무 빨리 뛰어." "손에 땀이 나." "숨을 잘 못 쉬겠어." "눈을 계속 깜빡여."

나는 긴장하거나 겁날 때 **무엇을 할까**?

"혼자 있지 않아." "울어." "어두운 곳을 피해." "목소리가 떨려." "화를 내."

누구에게나 자신만의 **특별한 꼬마 괴물**이 있어요. 이 녀석은 짜증스러운 생각들을 만들어 내죠. 꼬마 괴물을 돕고 꼬마 괴물에게 일어나는 일을 이해하려면, 먼저 꼬마 괴물을 찾아내서 말을 들어 봐야 해요. 그리고 우리에게 찾아올 때 알아챌 수 있도록 이름을 알아봐야 해요.

누구나 하나쯤 있다는 꼬마 괴물과

마주할 시간이야.

작다고 얕보면 안 돼.

두렵다고 숨고 귀찮다고 피하면

언젠간 꼬마 괴물에게 잡혀갈지도 모르거든.

자, 이제 꼬마 괴물이 숨어 있는

동굴을 찾아서 출발~!

마음 행성

예언 마녀

훈련장

명예의 거리

탐험 가방

탐험에 필요한 가방을 준비하세요.
출발 전에 무엇을 준비해야 할까요?

호기심 한가득

여러분의 **창의력**을 키워 줘요. 그래서 탐험하는 내내 새로운 아이디어와 해결 방법을 얻는 데 도움이 돼요.

유머 가득한 손전등

행성을 탐험하려면 하겠다는 **의지**와 해내는 **힘**이 중요해요. 이 손전등은 여러분에게 기쁨을 주어 조금씩 나아질 수 있도록 도와줘요.

기억이 담긴 튼튼한 병

여러분에게 일어났던 일을 **되돌아보고 그것을 통해 배우는 데** 매우 유용해요. 그러다 보면 다음번에는 더 나아질 수 있으니까요.

인내심 가득한 물병

여러분이 힘을 키울 때까지 **포기하지 않고** 용감하게 도전하는 데 도움이 돼요.

용기 주머니 세 개

여러분이 각각의 활동과 놀이를 통해 도전해 나갈 때, **긍정적인 태도**를 보이고 **굳은 결심**을 하는 데 도움이 돼요.

행동 행성에 오신 걸 환영해요!

행동 행성은 갖가지 문제가 일어나는 곳이에요. 이 행성에서는 문제가 생길 때 타조처럼 머리를 감추지 않고 직접 맞서서 해결해 나가는 방법을 배우게 돼요. 여러분은 이곳에서 새로운 것들을 배우고 처음으로 성공을 맛보며, 그 과정에서 생기는 어려움을 극복하게 될 거예요. 여기는 용감한 사람들과 영웅들, 한 걸음씩 내딛기로 마음먹은 사람들의 행성이에요. 여러분은 자신이 해낼 수 있는 일들을 보고 놀라게 될 거예요!

행동 행성

몸 행성

방법을 배울 때는 알지? 신나고 즐겁게!

몸 행성에 오신 걸 환영해요!

몸 행성에서는 긴장을 풀거나 호흡하고, 스트레칭을 하면서 몸을 즐기는 법을 배울 수 있는 곳이 많아요. 이곳에 온 목적은 튼튼하고 유연한 몸을 갖기 위해서예요. 몸 행성에서 배우는 다양한 활동은 여러분이 무언가에 도전할 때 큰 도움이 돼요. 몸은 집과 같아요. 여러분이 사는 곳이지요. 평생 여러분과 함께하고요. 그러니까 몸을 잘 돌보고, 망가지면 고치고, 좋은 상태로 유지하는 게 정말 중요해요.

마음 행성에 오신 걸 환영해요!

마음 행성에는 여러분의 모든 생각이 살아요. 아주아주 웃긴 생각이랑 무서운 생각, 긍정적인 생각, 살짝 부정적인 생각까지 다 살죠. 또 여러분의 꿈과 공상, 기억이 사는 곳이기도 해요. 멋진 행성이죠!

마음 행성을 여행하고 나면 생각을 더 잘 다스리게 돼요. 그리고 일상생활에 좀 더 도움이 될 만한 감정을 만들어 낼 수 있을 뿐만 아니라, 여러분을 가장 많이 괴롭히는 감정들을 막아 낼 준비도 훨씬 잘할 수 있게 된답니다.

이 우주 전체가 바로 여러분이에요!

지금부터 돌아볼 우주에는 마음 행성과 몸 행성과 행동 행성이 있어요. 이 우주는 여러분 안에 있고, 여러분의 모든 모습을 만들어 가죠. 자, 준비됐나요? 이제 여러분은 곧 상상 로켓에 오르게 됩니다. **로켓은 곧장 여러분의 내면으로 날아갑니다.** 지금까지 여러분이 경험한 여행과는 좀 색다른 여행이 될 거예요. 눈을 뜨면 안 보이지만, 눈을 감고 생각과 느낌과 움직임에 집중하다 보면 여기저기 구석구석을 알게 돼요.

돕는 간단한 방법이나 기술이 부족하다는 사실에 좌절할 때도 많아요. 이 책은 아이의 내면세계를 거대한 우주로 표현했어요. 그 우주에는 마음 행성과 몸 행성과 행동 행성이 있지요. 나만의 우주를 탐험하는 일은 아이 스스로 불안을 관리할 수 있도록 긍정적이면서도 정확한 도움을 줍니다. 아이는 각 행성에서 자기 발견과 자기반성, 자기 성장을 돕는 놀이와 활동을 배우게 돼요. 아이가 이 책을 보고 연습할 때 가족이 함께한다면, 아이가 어떻게 느끼고 생각하는지 알게 되지요. 또한 아이가 두려움을 극복하고 성장하는 데 쓸모 있는 도구와 기발한 방법을 발견할 수 있을 거예요.

각 활동이 끝날 때마다 아이가 간단하면서도 쉽게 자신을 알아 가고, 감정을 더 잘 관리하는 데 도움을 줄 수 있는 도움말과 행동 지침도 준비했어요.

이 책은 어린 시절 내내 아이들의 여행 친구가 되어 줄 거예요. 참, 이 활동은 정해진 순서가 없어요. 어려운 상황, 이해할 수 없거나 힘든 감정과 맞닥뜨렸을 때, 또는 내 아이에게 잘 맞는 방법이 필요할 때, 그때그때 골라 보면 돼요.

자기 탐험과 자기 발견은 아마도 우리 삶에서 가장 중요한 임무 중 하나일 거예요. 자신을 잘 알면 다루기 어려운 감정들을 맞닥뜨렸을 때 잘 해결할 수 있으니까요. 이 책은 아이들이 자신 안에 있는 우주를 깨닫고, 두려움과 불안을 줄이는 데 필요한 도구를 제공합니다.

엄마 아빠 보세요

아이들 마음 여행에 오신 것을 환영합니다!

우리가 사는 사회에는 많은 불안이 존재해요. 따라서 아이들도 불안을 경험할 수밖에 없어요. 우리는 아이의 불안이 어떻게 두려움을 키우고 자존감을 낮추고 배움을 방해하는지 알아요. 하지만 많은 부모님이 그 문제의 원인을 제대로 알지 못해요. 그리고 아이의 기분이 나아지도록

몸 행성

58 지도책
탐험 목표 : 불안이 나타나는 신체 부분 확인하기

64 호흡 측정기
탐험 목표 : 호흡을 통해 몸을 진정시키는 법 배우기

72 평온한 동물원
탐험 목표 : 긴장과 통증을 막기 위해 몸 근육을 푸는 법 배우기

80 요가 수행자의 동굴
탐험 목표 : 올바른 신체 습관을 얻고 집중력 기르기

88 피난처
탐험 목표 : 안전할 것 같은 상상 속 장소 만들기

행동 행성

98 용기 폭포
탐험 목표 : 용기를 키우고 내면의 힘 믿기

104 지그재그 계단
탐험 목표 : 차근차근 도전하고 인내심 있게 해내는 법 배우기

110 스승의 마을
탐험 목표 : 어려운 시기에 도움을 요청하고 도움을 받는 법 배우기

116 감사 계곡
탐험 목표 : 행복한 순간을 알아보고, 함께 나누기

122 우체국
탐험 목표 : 우리의 성취와 자질을 소중히 하며 자신을 신뢰하기

감사의 말 • 128

차례

추천의 말 • 6
엄마 아빠 보세요 • 12
이 우주 전체가 바로 여러분이에요! • 14
탐험 가방 • 19

마음 행성

22 꼬마 괴물의 동굴
탐험 목표 : 불안을 알고 불안이 우리와 분리될 수 있음을 확인하기

30 예언 마녀
탐험 목표 : '만일…'이라는 생각 무시하기

36 명예의 거리
탐험 목표 : 평온하고 행복한 순간들 기억하기

42 훈련장
탐험 목표 : 우리에게 힘이 되고 자신감을 주는 문구 만들기

48 현재의 산
탐험 목표 : 걱정을 다루는 능력 강화하기

내 삶과 함께한 모든 꼬마 선생님들에게
_바르바라 토바르

내게 가장 중요하고 유일한 것을 가르쳐 준
파우와 브루나에게
_크리스티나 피카소

나간다면 불안을 이겨 낼 근육이 단단해질 것입니다. 불안을 이겨 낼 용기를 얻고 내면의 힘을 키워 갈 수 있을 거예요.

불안하고 두려울 때 우리는 아무것도 못 하겠다는 마음이 들고 그래서 그저 주저앉고만 싶어집니다. 지그재그 계단을 탐험하면, 아주 쉬운 것부터 조금씩 올라가며 불안을 다루는 법을 배울 수 있습니다. 여러 사람 앞에서 손을 번쩍 들고 발표하는 건 단번에 할 수 없더라도, 가족 앞에서 크게 의견을 말해 보는 건 해 볼 수 있어요. 차근차근 꾸준히 작은 성공을 경험하다 보면 어느새 목적지에 가까워져 있을 거예요. 감사 계곡에서 감사를 표현하는 연습도 매우 유익합니다. 감사하는 마음이 커질수록 불안도 걱정도 줄어들거든요. 감사하는 마음은 저절로 커지지 않아요. 감사한 일을 많이 떠올리고 찾아내서 자주 표현할수록 자라납니다.

자, 이제 나를 탐험하는 여행을 떠날 준비가 되었나요? '나'라는 우주를 탐험하며 내 안의 불안, 두려움, 걱정과 같은 감정을 즐겁게 만지작거리기를, 그리고 맞서 이겨 나가는 여러분이 되기를 기대합니다.

오뚝이샘 윤지영
《초등 자존감 수업》 저자

 추천의 말

나를 탐험하는
특별한 우주여행에 초대합니다

'친구들이 다 나를 싫어하나 봐.'
'발표하고 싶은데, 틀릴까 봐 겁나.'

혹시 여러분도 이런 생각해 본 적 있나요? 우리는 안 좋은 상황을 생각하며 부정적으로 추측할 때가 종종 있답니다. 친구들이 다 나를 싫어하는지는 친구들 모두에게 물어봐야 정확히 알 수 있어요. 발표해서 틀릴지 맞을지는 발표를 해 봐야 아는 일이고요. 그러함에도 불구하고 지레짐작으로 겁부터 내는 것이지요. 불안해서 그렇습니다. 불안하면 좋은 쪽보다 안 좋은 쪽으로 마음이 기울게 돼요.

불안이 많던 어린 시절을 거쳐 여전히 불안함을 안고 살아가는 어른의 한 사람으로서, 불안한 마음을 물리칠 수 있는 가르침의 필요성을 절감합니다. 마음을 챙길 방법을 배우고 익히면 불안과 걱정에 휘둘리지 않고 살아갈 수 있거든요. 이 책은 불안한 마음을 알고 어떻게 다루어 갈지를 자세히 설명하고 있습니다. 두렵고 불편한 상황은 언제든 생깁니다. 피하기보다는 마주할 줄 알아야 해요. 처음에는 어렵지만 마음 행성, 몸 행성, 행동 행성을 탐험하며 주어진 활동을 해

슬기로운
사회생활 003

작은 불안을 큰 용기로 바꾸는
마음챙김 안내서

내 안의
걱정 탐험대

바르바라 토바르 글 | 크리스티나 피카소 그림
김유경 옮김

파란자전거

내 안의 걱정 탐험대

초판 1쇄 발행 2022년 12월 15일 ＼**초판 2쇄 발행** 2023년 6월 20일
글쓴이 바르바라 토바르 ＼**그린이** 크리스티나 피카소 ＼**옮긴이** 김유경
펴낸이 이영선
책임편집 김문정
편집 이일규 김선정 김문정 김종훈 이민재 김영아 이현정 차소영 ＼**디자인** 김회량 위수연
독자본부 김일신 정혜영 김연수 김민수 박정래 손미경 김동욱
펴낸곳 파란자전거 ＼**출판등록** 1999년 9월 17일(제406-2005-000048호)
주소 경기도 파주시 광인사길 217(파주출판도시) ＼**전화** (031)955-7470 ＼**팩스** (031)955-7469
홈페이지 www.paja.co.kr ＼**이메일** booksea21@hanmail.net

ISBN 979-11-92308-19-7 73180

파란자전거는 도서출판 서해문집의 어린이 책 브랜드입니다. 페달을 밟아야 똑바로 나아가는 자전거처럼 파란자전거는 어린이와 청소년이 혼자 힘으로도 바르게 설 수 있도록 도와줍니다.

어린이제품안전특별법에 의한 제품 표시
제조자명 파란자전거 ＼**제조년월** 2023년 6월 ＼**제조국** 대한민국 ＼**사용연령** 8세 이상 어린이 제품

내 안의 걱정 탐험대

단단한 **마음** 행성

유연한 **몸** 행성

용기 가득한 **행동** 행성이

끊임없이 움직이고 있는

여기는 ………………………………… 의 하나뿐인 **우주**입니다